블루홀

시현실
시인선
0 1 1

블루홀

이정림 시집

도서출판
예맥

自序

영혼은 매일 성장한다.

'위버멘쉬'

우리는 영원회귀의 사유로 인해
고통스러워하지 않고
나를 긍정하는 존재다

2020년 겨울
이정림

| 차례 |

제2부

제3부

제 1 부

우중월정 雨中月精

오대산 월정사 객방에 머물면
물이 흐르고 비가 온다

깨달음 얻으러
오른 산행길
근심이 떠나지 않은 날
먹구름이
나를 돌고
너를 돌고

계곡물 소리가 공중에서 내려온다
근심이 멀어지고 나를 돌아보는 곳
비를 깨달아 가고
월정사 앞 오대천 물은
나를 돌고
너를 돌아

오대산 월정사 객방에 머물면
물이 흐르고 비가 온다

산봉우리 사잇길마다
안개가 연꽃처럼 피어오르고

비를 깨닫는 오대산에
흰구름이
나를 돌고
너를 돌고

비는 나에게
비는 너에게
몸으로 스며들고

블루홀

토파즈 사파이어 진주 홍해의 보석 바다
블루홀은 유난히 푸른 바닷물로 가득 찬 동굴이다
어디 한 부분 끝없이 한번 들어가면
헤어나지 못하는 바다속 싱크홀 시작된다
푸른 물속으로 들어가야 하는 날 함정이라니?
얇아진 수면 사이 컴퓨터 전원이 반짝거려
발목을 넣어볼까 숨을 참는다 기포가 뽀글뽀글 솟아오르고
가득 채운 숨은 헤엄쳐 투명한 귀는 떠다닌다
다이버 호흡을 고르고 바닥을 향하여
코발트 빛 여울과 붉은 꽃으로 피어난 성게들

롯데월드 자이로드롭 뱅글뱅글 어지럽다
올라가는 사이 참던 숨이 떠오른다
하늘에 정수리가 부딪힌 순간
아찔하다 내려오는 무중력 2초
온몸을 모아 버려지지 않기를
눈을 질끈 감고 손을 꽉 쥐었다
추락의 속도를

꿈을 꾸었다 어렸을 적 환하게 웃던 날,
놀이터 시소는 삐그덕 거린채
아이들 환호성 소리와 움직임에 따라 몸을 내맡겼다

라디오에서 흘러나오는 허스키한 목소리
영화 비긴 어게인과 노래 그리고
'Lost Stars' 기타소리 울려 퍼져
길을 잃어버린 별처럼
도로 위에 파란 스포츠카 질주하고
머리카락이 이마위에서 휘날리고
바람이 부는 방향으로 집을 떠난 날이었다

물속에 잠긴 동굴은 피망의 잘린 단면처럼
누군가 손과 발이 굴절되어 일렁인 채
고개를 쳐들어 수면을 향해 꼬리를 흔들었다
바다속 커서는 깜박인다
클릭하기를

탄저 증후군

장마가 오기 전 배수로를 손질한다
받침대 묶어 약재를 뿌려준다
온도를 맞춰주면
물관을 지나
매운 시선으로 올라온다
기다림의 시간은
슬퍼할 겨를 없이 올라오는 향기로
매운 알싸함이 번져가고
빗물을 들이킨다

검은 물은
몸안으로 스며들어
열매가 열리지 않는 날이 많아졌다
검은 반점은 암으로 번져가고
매운 시선은 숨결을 좁혀준다

무게를 더해 떠나지 않고 있다
숨죽이던 시간들
나를 따라 결핍으로
잘려 나가는 가지들

거부하지 못한 바람 앞에서

저항을 선택했던 새싹은
얼굴이 올라오고 귀가 열린다
발을 내밀어 본다

어둠으로 스며들던 시간
부러진 가지 끝마다
눈물이 맺히고
혀끝을 감고 도는
매운 알싸함이
푸른 물을 수혈받는다

장마가 물러간 자리
가지 꼭대기가 가렵다

잉어 계단

서울. 이화 벽화 마을에 잉어 두 마리가 산다
가파르게 위치한 계단 사이 소외가 골목을
차지하고 관심에서 멀어진 곳이 있었다
차곡차곡 접힌 꽃이 들어있다
하류에서든 상류에서든
타일 속 해바라기 사이를 지나
그날의 유영을 시작해도
성가신 원칙은 없었다 골목과 계단
그리고 거리에 붙어 살며 벽화로 다시 태어났다
불어 넣었던 생명은,
캐나다 록키산맥 줄기따라
레이크 루이스 호수에서
유키 구라모토 'Lake Louise' 음악이 흐르고
나아가지 못한 잉어는 길을 찾지 못하고
소음으로 접혀버렸다

벽면 눈동자에 들어찬 낙서는 애인구합니다
전봇대 전선사이로 어지럽게 펼쳐져 있다
낯선 그의 언어는 귓가를 떠나지 못한다
언덕길마다 롤러코스터를 탄 것처럼
누구는 새로운 추억이지만
붉은 글씨가 눈안에 들어차고

벽면 가득했던 호수에서 맴돌던 잉어는
계단 위 피었던 꽃들도
숨막히는 회색 페인트로 덧칠된 채
사람을 기다려
푸른 바다를 걷고 있다

므두셀라*

아스팔트 밑에는 고목古木이 산다
오고 가는 사람들 발길에 뒤척인다
해를 찾아가며 자란 꽃잎
자라지 못하고 시들어갔다
나무 실루엣이 사라진 거리는
어제의 운세를 믿지 않았다
감출 수 없었던 비밀은
허기진 쪽으로 기울어졌다
아이는 진화되지 못하고
대낮에도 달이 떠다니는 이유를 안다
배양할 수 없는 척박한 땅에서
농토는 타들어간 가뭄이 흔적으로
얼굴은 실금이 번져간다
지울 수 없는 기억과
어렸을 적 설화는 주술이 되었다
검은 봉지 속은 병점이 출렁인다
갈증에 입이 마른 나무는
삐에로 입술을 탁본한다
사루비아 피어난다
항아리 금 사이로
물이 새고 그녀가 젖어간다

엄마는 므두셀라처럼 두꺼워진다
빼지 못한 시간은 뿌리로 누워
뒤엉킨 하루가 걸어나온다

*므두셀라 : 구약성서에 나오는 인물로 에녹의 아들이며 라멕의 아버지요, 노아의 할아버지이다. 성서에 나오는 인물 중 최고령인 969년을 살았다고 한다(창세 5:21~27)

큐어링 curing

양파는 오늘을 건너지 못하고 들어온다
수확에는 네 말이 옳다는
수다가 들어오고 냉기가 들어온다
슬픔은 오늘도 외출중이다
소음이 없는 소리를 잡아먹고
나이가 더해진다는 것은
익숙하지 않다
낮과 밤이 들어있다
벽은 종일 서늘하고
창고는 침묵한다
밤에 도착하고 소리가 들리지 않는다
너를 지날 수 없고
빛이 보이지 않고
나갈 수 있는 곳이 믿음이다
벽을 문지르면 물이 차오르고
슬픈 얼굴을 가두어 나갈 수 없다
내가 없어 속삭이고 문을 열고 들어갔다
검은 입을 벌리고 있는 집
나는 널 건너 아무 생각도 나지 않고
피어오르는 공중은 강해지고
고백하는 연습중이다
이도 저도 아닌

나만 남은 채
몸이 서늘하다

모정

늙은 엄마는 말린 무화과 냄새가 난다
속이 텅 비도록 말을
꺼내고 꺼내 놓는 동안
무화과 향기가 난다
모르는 사람들은 신기해 하고
아는 사람은 도망갔다
엄마 등 뒤로 잎이 떨어지고
모녀사이는 멀어졌다
한쪽 관절이 닳은 무릎은
몸을 통과한 비가 내렸다

꾸덕하게 말라가는 엄마는
시작되던 지점을 잊어가고
같은 말을 반복한다

되새김하던 말은 구멍으로 커져간다
건조함은 좋은 무화과를 만들지만
엄마의 건조함은
말린 무화과처럼
불면의 밤이다

무화과로 키워가는
엄마 냄새가

갈증

화염으로 견딜 수 없는 조급함은 목이 마르다
얼굴이 막연해지면 희부연 재가 된다
건조함은 매캐한 냄새로 나를 빨아들이는 단 하나의 손

치솟는 연기는 이승 너머의 저승
공중으로 떠오르는 공기가 간절하다는
온몸에 달라붙은 재가 허공에 목을 매단다
날아오르는 기억들
이곳은 화염의 분수
내 폐에 산소가 필요해
쉿 비밀이야

개는 복종을 맹세하지만
달라진 건 주인의 마음
이미 죽은 사람을 생각했다
주인님 살려주세요
대답없는 주인은
비밀을 지킬 수 밖에 없고
주인님 이뻐해주세요
주인은 무시하지 않고
주인의 냄새는 바뀌었다

지문이 지워지고 가연성으로 무장한
소란한 시간들
부서지는 몸은 꺽이지 않는다
이승과 저승 사이
검은 얼굴 흘러내리는 풍경들
흩어지는 빛을 빨아들인다

붉은 눈물을 흘리는
조급한 비밀은
돌아갈 시간이다

살아가는 방식에 대하여

그녀는 그랬다 생성되는 먼지
토사물로 들어찬 커서의 눈깜박임
천당과 지옥이다 단테의 신곡*처럼
시계를 반대로 돌리는 중이다
그녀는 수면 아래로 가라앉고
땋아내려가는 머리카락들
딸려나오기 시작한다
희미한 웃음을 보였다
어리둥절함은 무장해제되고
썩은 과즙이 흘러내리는
앵두나무에는 앵두가 열리지 않는다
발아래 낭떠러지
비좁다 아무도 없다는
웃고 있는 그녀 광장 한가운데
붉은 색으로 서있다
이유는 아무도 모른다
검은 선글라스 너머 감춰진 쓸쓸함
반년째 붉은 옷은 옅어졌다
왼손에서 오른손으로
오른손에서 왼손으로
주는 손이 아니었으면
노을을 무서워하지 않았을 것이다

그녀는 그랬다

*단테의 신곡 : 이탈리아의 시인 A.단테가 쓴 장편 서사시.

로드킬

1
아무도 모르게 담을 넘었다
사뿐히 내려앉았던 발자국
허물어진 자동차 쇳소리가 귓가를 맴돈다
맨발의 기억과 돌아본 새벽길 높았다
아기 고양이 살내음 피어올랐다
혀로 서로를 핥았던 눈물이 흘러내린 얼굴 사이
잠이 온다 누군가는 말을 걸고 어둠이 엎드려 꿈을 꾸고
나비가 피어올라

발톱은 부러지고 늑골이 타들어가
모래처럼 흘러내리는 기억
걸어온 보폭만큼이 아니기를
입이 마른다 물이 정수리에서 밧줄처럼 감겨왔다
쇠비린내 입안에서 맴돌고 맹렬한 기세로
속도에 사육된 나는
익숙하지 않은 경계에서 꼬리를 내렸다

2
의심이 많아지면
믿을 수 없는 사람들 투성이고

안개 자욱한 횡단보도 사이로 엿보는 시선들
도로를 가로질러 걷는 것도 추월이다
허기를 건너고 자유를 찾아 허락받지 못했던
영혼이 모여드는 도로에 빗장이 채워졌다
숲으로 날아오르고 싶고
창밖에는 씻지 못한
그 사람이 도로를 건너고
속도를 이기지 못해
자신을 지우면서
풍경으로 지워지는

여우가 기다리는 토요일에는

벚꽃이 내리고 있다

빨간 여우를 삼켰다
썩은 과즙이 흘러내리는
앵두나무에는 앵두가 더 이상 열리지 않는다

수세미가 피어있는 그녀 머리
훑어올리는 손놀림
빨간 롱파카
여우의 가죽
얼굴마다 검은 꽃이 핀다
지나는 사람들
입에서는 침묵이 피어나고
의자에서 검은 선글라스

벚꽃이 내리고 있다

빨간 여우는 걷지 않고
시간을 죽이고 있었다
안경점을 지나쳐
저녁이 시작되고 있다
카페도 지나쳤다

머무르지 못하는
여우 떼가
다가오고 있다

벚꽃이 흩어져 색깔을 잃어가고

백리향

슬픔은 슬픔으로 끝나지 않고
울음에 대처하는 방법은 기다릴 때 유용해요
바람이 어슬렁거리던 지문은
컵안에 흔적으로 남기지요
축축한 눈꺼풀 위에 기억이 묻어나요
살피던 표정은 어둠이 밤을 잊어가고
몸을 휘도는 적막이 옆으로
다가와 누웠을 때 나팔이 되어요
백리향 귀는 공명통으로 옷을 갈아입어요
나팔이 되어 속삭이는 말 때문에
부블리나는 달을 증인으로 세우지요
무덤까지 조르바가
지켜 줄꺼라는 맹세가 예언서이지요
가는 길목마다
발끝에 묻지 않고
백리
천리
만리향으로
그를 흔들 수 있다는 것을
너무 늦게 알았어요

나주곰탕

출신이 있는 얼굴로 출현한다 강남역 사거리에서 만난다 비가 세차게 내려 7월 가운데 장마라는 비밀이 뚝배기 가득 들어있던 여름 아버지를 채워 끓였던 지난 시간 나주는 출신으로 맛으로 태어나는 영혼은 시간으로 피어나고 나주곰탕 간판을 따라 들어간 닮아가는 얼굴은 달아오른 아스팔트의 열기로 식을줄 몰랐던 마음이 파란 한기로 다가오고 기울어지는 온도와 시간 그리고 아버지의 국밥을 생각한다

여름을 열고 들어간 장마는 슬픔에서 슬픔을 이해하는 사람과 나주에서 나주를 내려야 하는 나주곰탕에서 먹은 곰탕은 곰탕을 먹은 이유에 대하여 비와 바깥은 어두워지기 시작하고 섞이지 못했던 비가 가진 비밀을 파문으로 키워가고 뜨겁거나 혹은 차갑다는 곰탕의 진실은 강남역 장마비 세차게 내려 여름이 곰탕과 닮아가는 이유가 끓어올라 오늘 비는 무작정 오기로 하였다 비가 시종일관 쳐다보는 여름이 나주에는 가지 않고

이장 移葬

흰 발등을 묻은 시간들
엄마를 생각했다

나무 뿌리로 뻗어나간 생각들
물을 주고
시간을 주고
통곡을 다졌던 무덤에서
삽질을 계속했다

땅속은 내려갈수록
볼 수 없던 어둠이 드러나고
시간의 뿌리가 드러난다

검은 흙은 할머니가 흘린 눈물
머물러 있는 지하는
뿌리가 무성하게 손에 손을 잡고 얽혀
뼈의 진실은 단단하고 거칠다

늙은 딸은 진실을 알 수 없었고
비석을 향해 절을 한다
감시가 삼엄한 무덤은
평생을 늙은 딸이 오고 갔다

부대 옆 무덤과 군인은
억압을 말하지 않았다

흰 발등이 가렵다
엄마를 생각했다

어린 소나무를 심었다

프랑켄슈타인*은

강남역 사거리 4번 출구에서
우산을 펼쳤다

비가 내리는 정오에
화원에서
수국꽃으로 피어나는 진실과
빗방울이 파문으로 번지고
괴물이 늘어났다

사람들이 『프랑켄슈타인』*을 얘기했다
괴기를 부르는 소설속에서
얼굴에 패인 주름과
지워지는 눈썹에 대한 어색함
나이로 번져가는 얼굴들
그녀는 반영구가 더해져
수국꽃으로 빛난다
생명을 부여하는
프랑켄슈타인은
주름에 보톡스를 부여하는
그녀에게
괴기의 힘을 발휘하고
괴물이 될 수 없다는 진실은

누구에게나 공평하다

강남역 사거리 4번 입구에서
우산을 접었다

눈썹이 살아난다

* 프랑켄슈타인 : 영국의 작가 M.W.셸리의 괴기소설.

포장마차

종로3가역에 해운대가 펼쳐졌다
7월 포장마차에서
해운대 천막이 펄럭이고
건너편으로 바다 냄새가
밀물과 썰물로 표류중이다

포말로 다가오는 취객들
멍게가 수북히 쌓여가고
포장마차 집어등이
밤과 함께 출렁인다
밤새도록 돌고 도는
손님의 취기는
종로3가 역에서 철새처럼 날아다닌다

해운대는 불면이다
취기는 더해지고
파도가 거칠수록
물고기 헤엄치는 속도가 빨라진다
불안은 끈적거리고
산은 검게 자란다
불면은 파도에 걸려
남아있다

해운대는 철지난 봄을 말아먹고
어둠의 그물 사이 손을 내민다

파도가 멀어지고 해운대가 사라졌다

고백하는 중이다

오늘을 돌고 도는 차 한대가 산다
매일을 달려야 하는
모세의 기적을 일으키고
도로가 갈라지고
허공을 달려야 하는 차는
말이 안되는 시간에도
말이 되는 시간에도
규정짓지 않고
심장을 들어앉혀야 하고
죽음보다 앞서가야 하는
이유로 살아간다
불안이 자라고
위급함이 서성거려도
눈감는 시간을 알아도
몰라야 하는 이유다
세상을 돌고 돌아야 한다는
심장을 품고 있고
새처럼 날아다녀야 하는
비극이다
무서운 연기를 마셨다는
한강에서 뛰어내렸다는
각자의 방앞에서

물을 깨닫고 불을 깨달았다
가장 슬픈 죽음에 대하여
날씨는 흐려지고
사람들은 시작된 추락에 대하여
손을 내밀어
붉은 심장을 보고
고백하는

란타나

꽃은 풍문이 되어 숲속을 배회중이다
발길이 닿는 곳마다
란타나 들어올렸다
하늘을 향해 커가는 불꽃들
여름을 지난 사람들
날짜 변경선에서 서성거린다
그림자로 누워 있다
광장에는 새로운 피가 흘러 돌고 돈다
잡초로 자라났던 시절
지축으로 기울어진 얼굴
야생으로 불어오는 바람에
불이 붙었다
땅위에는 여름이 삼키지 못한 말들 올라와
잡초는 낯선 골목 사이
갈 곳을 찾아
가을은 발설되지 않은 향기와
일곱 색깔 가진 너를 수혈받았다
몸엔 새로운 피가 돌고 돌아
지축으로 기울어진 얼굴들
꽃으로 흘러내렸다
산다는 건 잡초로 길들여진 이름을 지우고
독백처럼 검은 흙을 물들여

하얀분홍오렌지노란빨강보라
표정을 키워나가고
둥글게 부풀어 오른 채
젖어드는 화색으로
태어나는

L은 비닐 옷을 입었다

L을 보았다
신호 대기중인 차들 사이 비닐옷이
마디마다 노끈으로 치장을 했다
바람으로 부풀어 올랐다
틈이 나면 찢어 질 것 같은 위태로움 횡단보도 흰 칸마다 삐져나온
땟자국과 조각난 비닐이 함께 나부낀다
풀어 헤쳐진 비닐 셔츠는 뒤틀린 채 매달려 있다
기침도 흩어지고 깁지 못한 조각은 노란 테이프로 마름질 되었다

L은 비닐조각으로 날개를 만들었다 막판 뒤집기에 판돈을 걸고
비닐봉투는 불면으로 네온 불 키워나간다
그늘로 굵어져가는 소문들은 허기를 채우지 못한 채
파산했다 빚쟁이는 날을 세워 횡단보도를 오간다
어제를 내놓아 비닐봉지를 두르고 둘렀다

L은 아스팔트에 걸터 앉았다 술잔 속 유리는 바깥이다
길은 누구냐고 묻지 않고 밤을 이불로 끌어온다
눈을 감았다 우회로는 일방통행이라고

L은 귤을 사고 싶다 비닐봉지에 안에 담겨진 귤은 안전하다
비닐봉지는 비닐로 오늘이 가볍다

골디락스*

가족이 산다 그리고 골디락스 소녀와 세 마리 곰이 산다 엄마와 소년이라는 엄마와 소녀라는 가족은 멀어질 수 있다고 사춘기라고 너무 뜨거워 너무 차가워 적당한 죽을 먹게 되는 골디락스 소녀는

너무 딱딱하지도 너무 폭신하지도 적당히 부드러운 것을 선택하게 되는 너무 멀지도 않아 너무 가깝지도 않아 엄마 품처럼 따뜻한 온도는 주먹은 아는 사람이 휘둘러 가족이 상처를 많이 준다고 했어 가족이니까 가족이 오후를 입는 동안 지구를 한 바퀴 돌아 달이 기울어져 실뿌리로 자라는 씨앗덩이 하루의 노동에 손톱만 남아 홀쭉해. 흩어진 유성우 꿈을 찾아 골디락스 소녀는

햇빛을 찾아가며 자란 꽃잎은 자라지 못해 시들어 거목의 실루엣 사라진 거리 오늘의 운세를 믿고 싶어 간극은 좁혀질 수 없는데 가족은 멀어지기 시작했어 소년이라고 소녀라고 아빠라고 골디락스 소녀와 세 마리 곰은 너무 뜨거워 너무 차가워 적당한 죽을 먹게 되는 골디락스 소녀는

너무 딱딱하지도 너무 폭신하지도 적당히 부드러운 것을 선택하게 되는 너무 멀지도 않아 너무 가깝지도 않아 가족은

* 골디락스 : 일반적으로 너무 뜨겁지도, 너무 차갑지도 않은, 딱 적당한 상태를 가리킨다

제2부

지하철 판타지

흐림을 끌어당기면 비의 머리카락이 길어지고
맑음을 끌어당기면 해의 표정이 길어진다
카페에 차오르는 커피나무에는 커피콩이 자라난다

엄마를 확인하고 나면 오래 살겠다는
걱정이 기우이기도 하고
또는 금방 죽을 수도 있다는 말이 거짓말이라며
우기로 찾아오는 흐린 날
엄마의 언어는 우울과 부정을 동반하고
그림자를 쌓아가지만
마크 로스코*를 추구한다는 지하철 판타지 속
추상을 구하고 죽음의 순서를 정하지 못했다

흐림을 끌어당기면 비의 머리카락이 길어지고
맑음을 끌어당기면 해의 표정이 길어진다
카페에 차오르는 커피나무에는 커피콩이 자라난다

흐림을 끌어당기면 마음을 읽을 수 없는 시간으로
가족이라는 가족이 서로를 모르고 살아간다
일기는 아무도 없는 지하철에서 지하철로
가볍지도 무겁지도 않은 궁금증은 뒤집지 못하고
맑음을 끌어당기면 다시 오늘을 일으켜 세운다는

판타지 속으로 가족이 시작되고

* 마크 로스코 : 러시아 출신의 추상표현주의 선구자

너를 닮아 나를 닮아

1

내가 귓속말 하나 해줄게 별이 귀에서 흘러나온다

변함 없이 좋아해 사랑할 거야 흔들리면 안 된다고 자꾸 눈에서 눈물이 샌다

눈물로 끊어진 수레를 타고 등을 밀어주는 중이래

실연 소식에 소주를 나누고 푸른 곰팡이 되어 스치는 눈빛

갈증이 사막 모래로 날리고 접을 수 없어 잘린 검지 말고

다른 손가락은 오늘을 약속하려고 도로 위는 경적을 울리지 허공 속

응답은 녹음을 시작해 나의 목소리 들어 공명은 너를 닮아가는.

2

나는 너를 품고 있어 누군가를 넘어 유성우 꼬리를 찾아 비밀을 캐러 다니지

말을 걸지 않아 찢어진 지도는 생을 뒤집지 못하지

창살을 넘나들어 옮겨 다닐 수 없는 혓바닥은 넘실거려 두 갈래로 독을 품어

기웃거려 귀도 눈도 다리도 보이지 않아 착지를 시도한다

떠난 자리 다른 몸으로 또아리를 틀었어

사육사가 조명을 내려도 방에 벗어놓은 허물로 피어난 꽃

비닐로 나를 스며 들어 너를 닮아야 하니까

이 여자가 살아가는 이유

바다를 끌어당기지 못한 할머니
침대 위에 뒤집혀 누워있다
허연 배를 드러낸 채
중력이 미치지 못한 파장은
가로로 누운 세상이다
무중력 소진한 발과 손은 만나지를 못한다
화석 같은 등껍질은 활처럼 휘어가고
끌어당기는 곳마다 고름으로 짓물렀다
기억은 육신을 밀어내고 있다
자식들은 무장학살로 흩어지고
남편은 바다 속으로 가라앉아 폐선만이 표류중이다
할머니를 향해 웃고 있는 처음 보는 아저씨다
헤엄쳤던 다리와 걸음은 굳어가고 있다
굳어가는 신경들은 바다 속 심연으로 달아난다
공허한 눈빛과 허기진 모정은
약봉지로 침대 위에 수북하고
할머니가 누운 천장 형광등 불빛은
집어등처럼 일렁거린다
선장과 선원들 체온과 맥박을 재느라 분주하고
사나운 파도 소리와 텔레비전 소리가
병실을 걸어 돌아다닌다
치아는 속도를 잊은 지 오래다

씹지 못하는 사자밥은 문 입구에서 서성거린다
소진한 육신은 말라버린 등딱지로 내려앉아
집으로 가야 하는 길이 아득하고
잠잠해진 바다는 숨죽이고
폐선은 파도에 밀려 일렁인다

출현

비명을 생각한다 감옥으로 둘러싸여 신앙의 본질도 익사하고 천국은 멀어지고 지옥은 가까워졌다는 신곡이 펼쳐지고 사람이 사람이 아니라 바이러스로 다가오고 모두가 얼굴이 있어도 침묵하고 울음을 모르는 채 저물어가는 푸른 병이 자라나고 내일을 기약할 수 없는 상태로 당신의 방안에서 저물어가는 가족을 생각하고 신앙을 궁금해한다 사람이 키워낸 왕국은 눈이 멀어 모두가 맹인이 되어가고 공포가 자라는 문장들은 오늘의 글을 완성하지 못하고 먼길을 돌고 도는 중이다 무서워지는 팬데믹*이 피어오르고

상현달은 일요일에 자취를 감췄다 다리 밑에 비가 조용할 일이 많아지고 가로등은 비를 고르는 중이다 길거리를 표류하고 풍경은 이동중이다 빗소리 7월을 씻어내지 못한 시간은 스마트폰에 머물러 있다 말이 필요 없고 필요한 얘기는 환한 불빛으로 새어나온다 비가 오면 다행이고 풀들이 자라는 시간이 온다 우산이 표류하는 거리에서 발에 스며드는 물이 오리의 유영을 재촉하고 너구리도 자취를 감췄다 풀들이 스치는 소리를 걱정할 필요가 없어지는 비가 오는 시간에 성호를 그어가는 거룩함은 둥글어가고 그녀가 출현했다 십수년전 버렸던 남편도 죽었던 엄마도 두고두고 씹어먹었다 되새김질을 하면 그녀가 따라하고 철지난 옷은 취기로 떨어지고 오랜 비밀은 비밀이 아니고 구멍이 뚫린 잊혀지

지 않고 길을 잊지 않았다 그녀가 출현했다 죽지 않아서 슬프다는 사람을 만나는 일이 얼룩을 지워가는 것이라고 더는 불행해지지 않을꺼라는 다리를 절뚝거린다 누군가는 엎지러질 수 없다고 투명한 나이를 먹어가고 이상한 생각이 나온다고 어제를 세척하고 오늘을 꺼낸다

* 팬데믹 : 세계적으로 전염병이 대유행하는 상태를 의미하는 말

닮아가는 풀

시간을 들고 낯으로 복면을 쓴 사내
무장하고 덤벼든다
날카로운 은빛으로
나를 꿰어 덮친다
여린 앙가슴
화들짝

바람이 공기를 가르고
무게를 실어나른다
들어올린 무른
내 얼굴
내 팔
내 몸
내 다리
뭉. 턱. 뭉. 턱.
살덩이 산산조각
바람덩이 어딜 가고 없다
조심해
발자국으로 훅 끼쳐오는 풀냄새
너에게도
곧

해를 입는 동안
지구를 한 바퀴 돌아
달이 기울어져
실뿌리로 커져가는
내안에서 자라는
씨앗덩이들

금빛 설법

그는 진흙 뻘밭 먼길을 돌아왔다

세월을 건너
가쁜 숨을 몰아쉬어
청동 껍데기 두들기고
마디 마다 불어넣은 모래를 실어
장인의 손길로 요철을 새기니
붉은 화염 실뿌리는 앙금으로 자라난다

거푸집 가지는 불씨로 피어나고
주름진 이마 사이 심장은 숨가쁜 불길로
바람덩이가 되어 땅을 갈랐다

금빛 맥박은 향기로 피어나 번져가고
바알간 화색으로
빛과 그늘 속 설법 시작하고
귀퉁이에서 용틀임으로 타올라
열어둔 바람 구멍으로 길을 건넌다

공기 한 점으로
톡
톡 톡

피워 올린
연무로 휘감긴
연꽃 씨앗 보고서

팽팽한 그는 솟아올라
향로가 품은 심장을 던져주었다

꺼지지 않는 불꽃을 피워올린다

우리가 깨어날 시간이라고

죽음이 가지는 계급에 대하여

방마다 문이 열린다 소각로 입을 연다 사람이 살고 있지 않은 곳이라고 말은 말이 아니고 일어나지 못했다 납작한 접시는 묵혀둔 생각과 붙잡지 않은 생은 준비할 시간도 없었고 보낼 시간도 없는 채로 입을 다물 수밖에 없다 그는 눈을 열었다 빠져나가지 못한 시간들 사람이 살고 있지 않은 곳이라고 바람을 불어 넣었다 시간을 살고 있다 이면을 가진 이들은 누구라고 했다 그늘은 종이의 뒷면이다 다른 바깥이 열리는 시간 글은 입을 생략하고 사람이 살고 있지 않은 곳이라고 설명과 서사가 존재하지 않은 채 애초에 사람이 살지 않은 곳이라고 일러주었다 기억이 없는 죽음이 하는 말에 대하여 귀를 기울일 시간이다 불평등에서 태어난 나 불평등으로 버려지고 죽어가던 행려자 바다 철로 버스정류장 주택가 골목 옥상 난간 빌딩사이 숲 XX공원 공사장 건물 짓던중 엘리베이터 사이로 추락하고 여행 떠난 사막에서 흔적은 거리의 먼지로 덮이고 비로 씻겨 내려가고 바람에 날아다녀 발자국으로 지워지고 애도하지 않은 죽음은 슬픔도 존재하지 않는 사치일 뿐 아스팔트 열기 얼음으로 솟아나 보상받지 못한 죽음은 여러 겹으로 사인에서 읽혀지는 가난과 죽음 흔적은 존재하지 않는다 뱉어낸 한숨과 무기력 살아가는 이유 지문과 족적은 닳고 닳아 사라졌다 애도하지 않는 죽음에 대하여 축축한 울음사이로 아무도 모른다고 본인을 밝혀야 하는 질문 책상위 신분은 없었고 떠도는 신분

증과 거리가 집이었다 거리에서 자라고 거리에서 각인되지 못한 채 스쳐 지나가는 정류장처럼 표류하며 가로로 누웠던 집들이 세로로 높게 키를 올려갔다 죽음의 등급은 무연고 사망처리 최저등급이었다 회복할 수 없는 등급 신용불량으로 지워져 가는 흔적은 바람과 흙으로 계급이 정해져 소멸되어

나의 이방인

노르웨이를 생각했다 방문을 했던 기억도 기억이 지워진 것이 아니고 애초에 나는 간적이 없다 유럽 북부 스칸디나비아 반도에 있다는 노르웨이에서 노르웨이로 가는 길을 내가 살아가는 동안 한밤에도 밤이 아니고 한낮에도 낮이 아니라는 역설이 존재하는 나라에서 동일한 주문은 아니어도 모험이 모험이 아니고 여행이 아닌 곳에서 백야의 어둠을 알았다고

지구의 바깥에서 둘레를 생각하고 걸어다니기로 했다는 이름이 내걸렸다 인도네시아에서 만델링이라는 만델링으로 브라질 시에라 옐로버번이라는 옐로버번으로 케냐 AA이라는 케냐 에티오피아 예가체프 콩가 내추럴은 예가체프로 커피콩 냄새가 널리고

수화기 너머로 들려오는 목소리와 전화벨 소리 끊임없이 솟아나는 질문은 벗어버리고 목소리가 큰 사람들은 수화기가 떨어지고 사람들 단골메뉴로 등장한다 이야기를 들어줄 사람이 필요해 전화교환원 자동응답시스템에는 지구의 뒷면도 앞면도 전쟁 기아 재난 재해 사람은 태어나고 죽음을 맞이하고 거룩과 거룩하지 않음의 차이

밤에 열린 트럭 꽃시장 영업중 팻말이 걸려 흰 백합꽃의 꽃

말 도깨비가 사랑한 메밀꽃 후리지아 열리는 꽃시장 어둠을 묻힌 꽃들사이 해가 고개를 떨궈 유흥가 삼거리 어둠 사이 얼굴이 열려 만취고객은 최상급 손님 시시비비 따지면 꽃향기에 취한 손님들 주문에 걸려 손님이 술에 취해 있다는 것 흥정에 필요한 조건 손님과 함께 술에 취하고 꽃향기 취해 있다 속살거리는 꽃말 안개꽃 수북하다 밤이 열린 꽃트럭 오늘이 싱싱해 떠있는 얼굴 사이 밤이 들어있고 라일락 향기 출렁거려 성업중 오늘 꽃은 싱싱해

차를 마시며

입이 넓은 다완에
차가루를 넣고
물을 끓여 식힌 후
약간 식힌 물을 붓는다
다선으로 거품을 일으켜
피어나는 금잔화 차의 향기는
가을을 피운다

해가 저문 여름날
차를 마시는 동안은
바람이 불어와
허공을
들여다보는 시간

마음이 두꺼워지는 시간
입이 넓은 다완의 둘레에
입술을 대고
향을 감싸안고
금잔화를 음미하며
다완을 비우고
노을빛이 흘러내려
공중에서 서성거린다

차를 마시는 동안은
향이 피어올라
나를
들여다보는 시간

노천카페

카페앞 의자에는
궁금증이 자란다
선글라스에는 새벽이 자리하고
여인은 유독
의자에도 보이고
카페에도 보였다
묵언이 침묵이고
침묵이 묵언이라는
사람과는 무관함으로
여인에게는 궁금증이 자란다
신호등이 바뀌고
차들은 여전히 달리고
사람들은 쇼핑중이고
카페에서 커피를 마시고
궁금은 자란다
자라는 여인은 유독
살아있다는
시간을 끌어안고
고개를 떨군채
궁금하다

유명 갈매기

갈매기가 살지 않는다는 이유가
오래도록 바다에 머물지 못했다
진열된 감정은 어제를 지나쳐
오늘을 정리하려 하고
감기로 찾아온 날은
열을 내리기 위해
생각해야 하는 걱정들
넘기지도 못하고 당겨야 했던
나는 너에게로 가지 못하고
너는 나에게로 오지 못하고
서로 성가시다는 이유들은
거품으로 일어나고
갈매기처럼 날아다녔다

슬픔을 품고 있는 모래사장
바람에 쓸려 넘어가는 모래는
어제를 뒤척인다
허공을 넘기고 바람을 넘기고
갈매기를 넘긴다

유명 갈매기에는
갈매기가 들어 있지 않고
간판을 보고 있다

할망바당

달빛 아래 바다를 키우며 들숨과 날숨으로 출렁이고
심연으로 입수하는 할망은 풍진 세상 자맥질로 끌고 간다
그물 따라 은빛 물결 가르고 포말은 기억을 흔드는 조수潮水로 다가온다
둔턱한 암석은 두꺼운 경전으로 바람이 들어찬 절벽은 빗창 사이
파랑주의보 페이지를 넘겼다
달무리로 피어나는 바다위 꽃은 벼랑 끝 흙바람이 남긴 얼굴이라고
잔잔히 일렁이는 물결이 간기로 절여진 둔덕 따라
햇발 아래 해풍과 짭짤한 세월을 몰고 오면
검은 머리로 해초 가득한 어망 속 포자가
수면을 찰랑찰랑 넘실거려 바다를 품에 안고 시간을 물질한다
핏방울은 멍게꽃으로 피어난다
물속에서 유연한 물질은 부표가 되고 굽은 허리 빼곡한 망사리 사이로
해삼 미역 전복이 익어간다
불턱은 고단한 숨비소리 내려놓아 어둠이 내려앉은 집어등과 배는
수평선에서 일렁거려 등대가 붉은 꽃으로 개화하는 바닷길마다

달빛이 숨결을 열어주고 바다 심연 깊어질 때
지층으로 쌓인 통곡은 바람소리 휘파람 소리로 숨이 차오르다
외길을 떠도는 할망바당 숨비소리 돌아올 시간이야
바다가 깊어진다는

방랑

벽을 넘어 구부러진 눈동자
이웃의 웅성거림으로 발견됐다
눈은 굳게 입을 다물고
엄마는 이불 위 식음을 전폐했다
여물지 않은 수염의 아들은 혀가 짧았다
얇아지는 햇볕 사이
방안 온기는 식어가고
어둠 속 바람 한 줄기 입혀주었다
마른 나뭇가지에 아들과 함께
엄마 숨소리 문에 걸쳐 있었다
품었던 씨앗
바람이 더해져 자꾸만 달아난다
눈물로 부식된 오후는 그림자를 쥐고 있다
침을 삼키니 갈증은 꿈틀댄다
발목 근처 웅얼거리는 목소리에 그림자 하나 엉켜붙는다
조각난 상처가 즐비한
방랑은 고독을 옆구리에 끼고
민낯으로 상기됐다
눈을 감지 못한 백골 엄마 위로
아들은 하얀 웃음으로 떠다닌다
떠나지 못한 채 걸음으로 서성거리고
천장에 걸린 울음은 발아래에서 쪼개져도

다시 돌아와 지울 수 없는 얼굴이다
떠나지 못한 그림자
조금씩 빈집을 집어 삼키고 있다

무장한 경찰들에 둘러싸여
벗어놓은 손은 악수를 해도 악수가 식어버려
빈집에서 벗어난 아들은 플래시 세례를 받았다

엄마는 방랑을 멈췄다

곶감

허공에 탑이 수북이 쌓여간다
육신의 껍데기들
속살만 덩그러니 남았다
몸뚱이는 지리산 처마 밑으로
씨실과 날실로 엮어 꼭지를 잡힌 채
얼굴들이 매달려 있다
주황의 맨몸은
빛의 각도와 표정의 높낮이로
달아오른 뺨은
홍조빛으로 바람이 부스럭거린다
일렁이는 몸 마디마다
흰구름도 스치고
얼룩진 하루도 지나간다
돌아다니던 유리알 같은
투명한 속이 들켰다
처마밑 얼굴은 바알갛게 상기되고
불어오는 바람의 입김에
마음도 덩달아 투명해져
말랑하게 익어가는 빛줄기 사이
눈물이 그렁그렁 맺혀
배어나온 하얀 분가루는 달콤함으로
세월 앞 할머니 잔주름처럼

쪼글거리는 얼굴들은 신이 난다
구겨진 주름으로
익어가는 소리가

미모

사람들 보톡스를 맞는다
주름은 풍선처럼 부풀어 올라도
작아져야 하는 얼굴들
낙타들 보톡스를 맞는다
얼굴이 커보여야 하는 낙타들
머리 크기 풍선처럼 커진다
부풀기 위해 머리를 키워
입상하려면 호르몬을 사용해
낙타 근육을 키워 우승을 원해
보톡스로 머리를 더 커보이게
낙타와 성형외과 닮았다

낙타 미모 경연대회

치매 1

내가 아는 하루는
아는 것을 모른다고 했고
모르는 것을 안다고 했다
눈꺼풀이 밀려 내려오고
돌아다 보면
그에게 사과할 일은 맨날 이동한다
웅크린 나를 보며 누군가는 한숨을 내뱉고
입안에 든 박하사탕 나도 모르게 녹아내린다
자꾸만 악수를 해도 악수가 식어버린다
누군가를 알아간다는 것이 거추장스럽다

이름이 뭐였더라
빈 유리창에 아는 단어를 써보았다
어긋난 틀니는 틀어진 중얼거림이
시옷은 나쁜 새끼라고
주저앉은 치아가 쑤셔댄다
입에서 눅눅한 눈물 냄새가 나고
밤새도록 귀에서는 환청이 들린다
욕심은 목구멍으로 역류한다
나를 지나쳐도
분실되지 않은 기억이
답했다

치매 2

누워서 보는 세상이다
일그러져 고장난 얼굴들이 모여
나이는 고무줄처럼
밤과 낮은 순서가 없다
입에서 먼지 냄새가 나고
밤새도록 환청이 미끄러져
자꾸만 친구가 없어진다
구멍난 주머니는 바람만 가득하다
풍경은 반이 접혔다
가로등은 요철을 만들고
속도를 줄이지 못한 차들은 요동친다
닳아버린 구두 뒤축은 뒤뚱거리고
시소놀이를 시작한다
이리 내밀까 저리 내밀까 속도는 발바닥으로 번져간다
그림자 속은 비어있다 밤은 구부러졌다
익숙한 골목은 새로운 공명통이다
소문은 자꾸만 어긋났다
노아노아노아*
부패한 말들이 뒹군다
사라지지 않은 말은
철로가 뒤집어 놓은 막다른 벽이다
옆구리가 휘어진 이정표 따라 개찰구 문을 열면

덮이지 못한 눈꺼풀이 모여 있다
2분마다 지하철 안내방송은 쉼표를 찍는다
반쪽 얼굴을 키워간다
방랑은 고독을 옆구리에 끼고
자꾸만 어딜 가고 없다

* 타히티어로 '향기'라는 뜻. 고갱의 자서전 제목

유통기한

마포대교 수면 아래 방은 넓다
허공은 나를 위한 줄타기로 팽팽하다
파산으로 출렁거리는 시간들
찢어진 책의 페이지를 넘겼다
그림자 서성거리고 박무로 씻었던
내 발은 떠나지 못한 채 노을을 널었다
주머니 속 얇아지고 별이 찰랑댄다
가난과 절망은 유통기한이 임박하고
저당 잡힌 파산 안에는
죽은 아버지가 돌아다니고
죽은 할머니가 등장했다
가족을 들어있는
어제는 어제가 아니고
오늘은 오늘이 아니다

허공에 걸린 맨발은 줄타기를 시작한다
마포대교 밤하늘
실언할 걱정 없는 편의성과
공간 이동이 수월하다

유통기한 넘기지 않기 위해
나를 이해할 시간이다

유통기한이 담긴
아무도 오지 않는 주머니 속이 두꺼워져
마포대교 수면 위로 새로 얻은 방에
하늘에 걸린 얼굴은 어디로 가고

망월사

해전문

남한산성 구름으로 병풍 친 망월사
햇살의 문틈 바알간 더위
초가지붕 얼룩진 얼굴
목탁문 열리고 고달픈 바람
몸부림치듯 풍경소리 걸어 나온다
망월사 처마 끝 구름
향하나 피어 올린다
햇살과 함께 서성인다

달전문

별빛 가득한 이불 널어두고 닦아놓은 대지
달의 공복 늙은 고목 언저리
아카시아 흰 뼈들 달의 온기 받아
여름을 흔든다
진흙의 바람 달을 건너가는
들꽃의 돌다리 길을 밝힌다
망월사 굽은 등 사이
가난한 자의 허기를 달래는

불경 소리 잦아들고
마음챙김 일으킨다

* 마음챙김 : 불교 수행 전통에서 기원한 심리학적 구성 개념으로 현재 순간을 있는 글대로 수용적인 태도로 자각하는 것

하이힐을 신고 사막으로 가는 여자

여자는 지하철을 탄다 속도의 질주다 수원행 지하철 안에서 지하철 소음과 맞닥뜨린 여자의 푸르딩딩한 발목을 본다 몸은 빈틈없이 살로 들어찼다 다리 아래 발은 조그맣다 손톱의 얇은 표정이 귀걸이와 같이 흔들린다 풍만함이 부르는 의자 사이 간극은 지하철 안내방송과 술에 취한 여자의 출렁이는 시선이 무너져내리고 몸짓과 싱싱한 체취와 지하철의 질주와 흔들거림을 즐긴다 문이 열리고 닫히는 사이 시선이 쌓여가고 몸의 살들은 무장해제 중이다

아무도 밟지 않은 사막을 걷는다 하이힐을 신고 정상에 오른 그녀가 땅의 높이와 무관하다는 여독을 풀며 모래로 빠져든다 굽은 센티미터 더하기와 빼기 모래위 걸으며 당당해진다 작은 키로 주눅되었던 눈썹위 마스카라는 요염한 표정으로 가라앉은 모래 먼지와 내려가고 높이를 넘나드는 빨간 립스틱과 가짜 속눈썹 사이가 불편해도 모이는 수다들은 모래속 구덩이로 연속되는 발빠짐이다 여자들의 하이힐은 단죄할 수 없는 무죄 신성불가침 구역 모래로 메꿔지는 두발은 지상으로 이륙을 준비중인 그녀 하이힐 굽을 포기할 수 없다 말할 수 있는 키는 중심에 대하여 모래는 빠질수록 함정이다 하이힐 신은 그녀는 사막에서 굽을 즐기는 시간이 중력으로 흔들리는 사막 포기할 수 없는 하이힐 곡선 따라 지금 지하철에서 내렸다

제 3 부

멈추면 보이는 바람에 대한 생각

오늘부터 엄마를 찾지 않기로 했다
한쪽 가슴이 실종되었다는
흩어진 가족들 기록된 시간이 빠져나갔다
수술실 가기전
바람이 붙잡은 소독약 냄새와 함께 누웠다

수술중 불이 들어오면
기울기는 측정 불가
소멸된 심장소리

한쪽 가슴은 슬픔을 감당하지 못한
바람이 불어오고

저울은 눈금이 흔들린다
반항하는 기울기에 대하여

왼쪽 가슴은 젖몸살을 앓는 중이다

흘러내리는 눈물은
수술실 바닥으로
휘어진 마음은 엄마로 떠오르고
왼쪽 가슴과 오른쪽 가슴은

높이가 달라져도 재생되는 장면과
모성은 상승한다
엄마에게 새싹이 돋아나기 시작하고
한쪽 가슴은 다시 젖이 돌기 시작하며

차오른다 오늘 엄마는

붉은 꽃무릇이 저만치 피어있다

데자뷔 (déjà vu)

같다는 버스를 타고 종점에서 종점까지 내가 하나씩 잃어가는 가족에 대하여 나는 어디서 왔을까라는 거리를 걷고 버스를 지나고 다리 위를 건너면 알게 되는 머리카락이 길어지고 치마가 짧아지고 할증이 더해지는 시간이 오고 컴퓨터 전원 모드는 충전을 해야 하고 나아갈 수 없는 막다른 골목에서 코뿔소처럼 뿔을 키우고 초원을 키우고 타임머신을 타고 태양을 잃고 빠져나간다 나를 잃어버린 자리가 누구에게 정해진 자리는 애초에 정해진 적이 없다 존재하지 않은 주인과 빌려 써야 하는 공간에 대하여 안도를 느끼기도 하지만 소유할 수 없다는 불편함이 가중되어 순간 이동을 원하고 본적이 있다는 같은 얼굴 같은 편의점 직원 발가락이 닮고 눈 깜박이면 와본 것 같아 이사람이 저사람이고 앰뷸런스 타고 실려간 응급실은 수술실에서 자라는 현기증은 교실에 쓰러졌던 내가 천장을 마주했다 내려다 본 아이들 얼굴을 가리지 못하고 새처럼 날아다니고 싶었다 아버지는 나를 사랑한다고 말없이 육교에서 뛰어내려 건너편 놀이터에 엎어져 있다 커피빈은 오스트리아 빈이 아니야 소음으로 이어폰 사이로 음악이 소음을 묻어주지 않아 모두가 하는 말은 데시벨 측정 불가 로라 피지 Let There Be Love 재즈음악 하나를 듣고 기다리고 기다림으로 범벅되어 기다리는 동안 말소리 올라가고 정상은 어디에도 없다 소음 나무가 커가는 동안 아이는 오지 않았다 열매는 뿌리내리지 못하고 떠다니고 음악만 올라가 커피도 가루로 갈아지고 사람들은 데시벨을 올리고 데시벨속 주인은 없다 아무도 측정하지 않아 딸은 엄마를 닮고 엄마는 딸을 닮고 돌고 도는 얼굴이 와본 것 같은 장소 여기는

everyday

각을 지니기 시작했다 머물 수 있는 장소에 대하여 우리가 머물 수 있는 공간에 대하여 머물러 있는 시간만큼 무료가 아닌 할증이 더해진다는 것이다 이동이 여의치 않은 사람들은 야생으로

차를 잃어버린 자리는 지평선이 오고 있다 그에게 정해진 자리는 존재하지 않은 주인과 빌려 써야 하는 공간에 대하여 공유한다

돌아올 수 있는 길 선택할 수 있는 그가 가진 공간이다 그는 오늘부터 이동을 한다

오렌지를 고르고 참외를 고르고 누군가를 선별하고 마트를 지난다 우리동네 everyday는 어둠을 세일중이고 시간은 깊어가고 밤이 수북하게 쌓여간다 생생한 세일을 하고 오렌지를 담고 물건을 정리하는 눈은 사람들을 보내는 중이다

누군가 들어와 수다를 떨고 이름이 위안이 되고 수다가 된다 아. 스. 팔. 트. 는 그리움을 걷고 걸었다 오늘의 기상캐스터는 날씨 예보중 생계를 위한 눈빛은 잊어버린 누군가를 기다리고 윙크를 해도 눈이 감기지 않는다 매일이

야생

하강은 속도를 설명할 수 없는 질주다 공중돌기와 착지하기 주도면밀과 용이함 사이 태생이 그렇다 넓은 시야와 예민한 후각 사이에서 익숙한 침묵은 숙련된 조련의 댓가다 허공은 언제나 나를 위해 줄타기로 팽팽하다 실언할 걱정 없는 편의성과 수직으로 떨어지는 추락의 익숙함이라는 공간 이동이 수월하다는 사투는 새로운 올가미의 등장이다 생존은 야생을 깨우고 서성이던 골목은 막다른 풍경이고 누군가 먼저 궁금해 하강을 설명할 수 없다는 질주의 본능에 대해서 흔들고 있다는 깊은 밤이 되면 나를 틀키고 지평선이 생겨나 누군가는 애초부터 육식성을 가지고 길러져 사육되지 않은 채 몸을 훑고 지나간 바람 앞에서 누구의 발자국인가 먹어야 사는 퇴색한 코끼리 뼈도 먹을 수 없는 먹이로 남지만 소는 경계를 늦추지 않는다

오도독 뼈를 씹는 소리가 들려오는 초원 지금을 산다 오늘 야생을 노란 코끼리 보라보라 그리고 섬 카페에 걸린 간판 이름은 노란 코끼리는 보이지 않고 코끼리 노란 테두리만 그려져 있다 코끼리는 노란색을 지니지 않았고 보라보라 섬에 살지 않는다 계단 넘어 숲속 언덕에 바람개비 돌아가고 빗방울 사이 바람이 불어와 장마가 우기로 끈적 끈적한 습기가 몰고 오는 노란 천막위로 빗방울이 내려앉았다 그늘에 내려앉는 코끼리 코는 유연함으로 몸은 누군가를 보라 보라

섬까지 감아올려 상아는 솟아오르기 시작한다 뿔난 것처럼
윗입술을 늘어뜨리고 코끼리는 유연함으로 유리한 고지다
코와 함께 다른 곳으로 나아갈 수 있는 시작으로 애초부터
코끼리는 보라보라 섬에는 가지 않았다

주파수는 저녁 6시에 자란다

11층에 살던 그를 기억한다
먼산을 바라보며
끝없이 구름을 만들고 비를 만든다
아파트와 도로 사이 쪼그려 앉아
피워 올리던 담배연기 사이로 11층 남자는 비밀로 무장했다
집이 일터고 일터가 집이고
피워올리는 고민들
주파수는 저녁 6시에 멈췄다
채널 93.1FM에 맞추면 주파수를 가진 저녁은 6시에 자란다
찌고이네르 바이젠을 들으며 집시가 펼쳐놓은 바이올린 속도는
모데라토가 스피커 귓속을 휘감고 순서를 지키고 규칙을 알아간다
얼굴 표정은 볼륨처럼 커졌다가 작아졌다가
무늬가 바뀐 일상은 주파수를 정하지 못했다
라디오 주파수가 교류하는 방향은 초침이 익명으로 걸어 나온다
아내가 낯익은 저녁을 준비하고
가스불은 출렁대고 국이 끓어오르고 앞치마를 펄럭인다
불판이었던 식탁은 삼겹살을 구워 올려
밥은 민낯으로 가족들 입안에 자리한다 남자는 담배 연기 틈으로

노곤함을 꼭꼭 씹어 피워올린다
누군가는 먼저 말을 꺼낸다 거칠어지고 투박해진 가족을 마주보고 앉았다
아들은 충치가 빠졌다고 달라지는 건 없지만 잊혀짐으로 이는 사라졌다
어둠으로 축축해진 저녁은 음악으로 갈아입은 도돌이표를 가진 채
스물네 시간을 구른다 감상으로 머리를 맞댄 저녁 6시다
매일을 기다리는 주파수처럼
청취자가 보내는 사연이 자라는 시간에
오늘이 보낸 사연은 수취인 불명이고
남자는 다른 주파수를 고르는 중이다
얼룩은 벽지에서 늘어가고 주파수는 잡히지 않는다
다소간의 불편함이 늘어난다 얼마간은 그렇다는 것이다
절박함은 살아가야 할 이유이다
흔적이 잊혀진다
비를 맞아야 하고 내리는 눈도 맞아야 하고
바람이 불면 모든 것과 친해진다
담배는 연기로 흔적을 지워 나간다
시계가 필요하다 그를 찾을 시간
주파수를 맞춰야 한다

버퍼링

그녀가 출현했다 십수년전이라고 했나
버렸던 남편도 죽었던 엄마도 두고두고 씹어먹었다
소가 되새김질을 하면 그녀가 따라하고
이런저런 얘기를 토하면
철지난 옷은 취기로 떨어지고
오랜 비밀은 비밀이 아니고
구멍이 뚫린 잊혀지지 않고
길을 잊지 않았다

그녀가 출현했다 금방 죽을것 같다고 했었나
죽지 않아서 슬프다는
사람이 사람을 만나는 일이 얼룩을 지워가는 것이라고
더는 불행해지지 않을꺼라고
다리를 절뚝거린다
박복한 팔자 더는 엎어질 수 없다고
투명한 나이를 먹어가고
이상한 생각이 나온다고
얼굴을 세척하고
오늘을 꺼낸다

데칼코마니처럼

호수 안에는 번지 점프가 들어있다
뛰어내리는 세상이
물속에는 하늘이
구름이 들어있고
산이 출렁거리고
잠자리 한쌍 날아다닌다
물결처럼 퍼져나가고
얼굴이 흔들리는 개망초
호수를 빠져나가는 오리들
서툰 걸음으로 산책로를 오른다

마주한 개는
돌아오지 않는 말을 했다
대답을 하지 않는 메아리로
주인에게 충성을 맹세하기로 한다
닮아가는 얼굴이다
개와 주인의 산책길
개가 짖는다
사람만 보면
개는 주인과 닮았다
맞은편 할머니와 개는
색깔도 표정도 얼굴도 닮았다

닮았다는 것이
때로는 불편하기도 하지만
길게 서로를 닮아간다
오후가 지나
하루가 닮았다

지하철에서 달리는 무장해제

나는 지하철을 탄다
속도의 질주

수원행 지하철 안에서
지하철 소음과 맞닥뜨린 여자의 푸르딩딩한 발목을 본다

여자의 몸은 살로 들어찼다
다리아래 발은 조그맣다는 손톱의 얇은 표정이 귀걸이와 같이 흔들린다

풍만함이 부르는 자리사이의 간극과
낯선이들의 속살거림은 지하철 안내방송과
술에 취한 여자의 흐느적거림으로 시선이 무너져내리고
체취와 지하철의 달리는 흔들거림을 즐긴다.
문이 열리고 닫히는 사이
말이 쌓여가고 몸의 살들은 무장해제 중이다

스마폰 위 손가락 현란하다 얼굴을 잊은지 오래다 삐걱거리는 철로 위 어둠이 묻어있고
다시 지하철 터널로 달리는 시선들 마주하고 있어도 마중과 배웅은
문이 열리고 닫히는 요람은 출렁인다

주인님 누가 옳은 것일까요?

갖게 되는 패턴에 대하여 아시나요 충성심과 우직한 침묵은 생존본능 앞발을 내밀 수밖에 없어요 짖어대는 목소리 조합되지 않아 귀가 먹먹해지고 주인님저주받는 목소리가 아니랍니다 왈왈 멍멍 말을 해도 주인님에게 돌아오는 것은 머리 쓰다듬기 안아주기 침묵이 좋아 사람을 가까이 하지 않고 뒷발을 서운해 하지 않고 주는 대로 바라지 않는 습성에 대하여 입력되지 않은 계산에 대하여 주인님이 옳아요 미용도 예방접종도 줄무늬옷이 도열된 패턴은 산책을 하고 주인님을 위해 꼬리를 흔들기도 하죠 충성심에 주인님을 닮아가는 얼굴은 어찌할까요 주인과 반려견은 닮았다고 주인을 보면 애완견이 보이고 애완견이 보면 주인이 보인다고 쑥덕거리면 사랑하면 닮아가는 것인가 보다 사랑을 주세요 외쳐도 돌아보지 않는 무관심한 눈동자 축축한 눈물을 가진 털들이 부풀어 오를 시간 목소리를 감추고 날카로운 이빨도 입안으로 밀어 넣을 시간 주인님이 사랑을 주세요
털이 빠지기 전에

도서관에서 무작정 쓰고 싶은 가오리 작법에 대하여

커서는 눈을 깜박거리고 날 기다려요

좌석번호 4번 책장에 침을 묻히고
도서관에서 소리 나게 넘기는 것은 실례가 됩니다
키보드 치는 소리도 휴대폰은 진동으로
말은 조용히 마우스도 떠들지 마세요

철학의 무게는 종교와 심리학에 대하여 발표할 수 없어요.
통화 안됩니다 음식물 반입금지입니다.
일반열람실 좌석 부정발급 적발시 퇴실입니다.
정치색깔 필요 없어요
당돌한 마우스가 번갈아 오르내리고

시를 쓰면 꼬리가 생기고 꼬리는 다시
처음으로 되돌아 머리가 되고 쌓여가는 문장들
인터넷 강의 속 강사는 구피처럼 뻐끔거려요.
접착중인 의자들 한 칸 건너 그는 코골이로 높낮이를 정하더니
뚝뚝 흘리는 침들 사이로 갑자기 키가 커져요

놀란 토끼눈으로 휴대폰을 들여다 보아요

카톡 대화방에서 접착중인 표정들은
자음과 모음은 자꾸 뒤돌아 보아요
종료되지 않는 카카오톡 대화방 그는 지나가고
행갈이도 한번 해주시구요

노란 가오리가 되어 질겅질겅 글을 씹고 있는 중입니다
실례가 되는 줄도 모르고 무례하군요
작법이 무작정 쓰고 싶은
오늘도 깜박거려요 커서는

빨간 거짓말로 병문안 오는

엄마가 들고 있던 빨간 립스틱이 떨어졌어요 립스틱은 멀어지고 입은 소문으로 부풀어 올랐어요 말은 꼬리가 생겨나요 남동생은 면도 거품으로 뽀글뽀글 솟아나 조각난 말이 입에서 귀로 소문을 전해요 말은 부메랑으로 돌고 돌아 X-ray에서 허연 입김으로 속살거려요 구멍이 생긴 기흉의 폐 숨은 기다려야 할 시간을 기다려 주지 않아요 80살로 나이는 오늘 정했어요 아빠가 기다리는 곳은 거실 소파 엄마는 아빠를 벗어나 누워서 사람을 맞이해요 아빠의 체취가 앉아 있고 얇은 벽속으로 엄마는 요양병원으로 이사했어요 15층 살던 아줌마가 병문안 간대요

살던 집 두꺼운 벽에는 아무도 들어있지 않아요 기다림이 없어도 아침은 오고 기억 속에 있는 추억과 현재에 있는 기억을 지워야 기억을 담아둘 수 있는 자리가 생긴다고 해요 얼룩이 남은 자리는 아빠가 남겨 놓은 흔적들 울음은 잦아들고 기억이 지층으로 두꺼워지는 바람이 거짓말로 쌓여가요

염 전

태양을 섬기는 시간
하얀 나비 춤사위
바다가 집을 지었다
낮달의 정기
태양의 입김
바람의 기운
바다의 눈물 적신다
묵은 십자가의 이름
굴곡진 속박 벗어나
지상의 빛을 모았다
구름의 터널 지나
생의 수레바퀴
보석 알알이 맺힌다
소나무가 흘린 눈물
송화가루의 수액과
바다의 뼈를 갈아
불모지 위 모퉁이 쓸고
바다의 무게 줄이는 시간
자박자박 까실까실
설산의 창고는 하얀 나비떼
박하향 품고 접혀있다

비상 飛翔

방마다 문이 열린다 거대한 소각로 입을 연다

액자에 새겨진 얼굴 사이로 익은 표정이 보인다
익명으로 배달된 말들

산소 포화도 내려가고 어머니 부음을 들었다
가끔은 냉장고를 열어보고 멍하니 서있고
현관문 앞에서 문을 열지 못하는 날이 더해졌다고 했다

누군가 열어주지 않는 집은 사람을 기다린 적이 없다고 한
그대로 있을 뿐
웃음이 자꾸 새어나오고 뽁뽁이 비닐은 겨울을 막아주고
바람 새어나오는 소리 시련을 달래준다

열리고 닫히는 문은 방문이기도 하고 거실문이기도
문을 열고 들어가면 타들어가는 갈증을 느끼는 방은 매순간
손을 잡아줄 수 없고 붉은 맥박 사라져가고
검은 줄이 둘러진 표정들 슬픔과 균형을 잃고
소각로 부음 속에서 돌아오지 않는 외출을 했다
펼쳐놓은 생의 두루마리 속에서 불리웠던 이름은 사라지고

영원한 부재중이라는

전화기 너머에 대답이 없다.
메아리로 허무하다
소식이 끊겼다

흰 새 한 마리 날아갔다

연정戀情
–청평사의 전설

알몸으로 유랑을 따라 길을 내었다

시간 속 가사불사의 쪽수
몇 땀의 바느질로 비단조각에 날개를 달까

염불의 기도 목탁소리 하얀 밤 지새운다
비천한 비늘의 몸은 조바심이 난다
갈라진 혓바닥 십년의 침묵 말아

당나라 퇴락한 반쪽의 날개 실핏줄 터지고
체온이 낮은 마을의 필사적인 몸부림
하늘 끝자리 청평사 회전문의 창살은
넘지 못한 지옥문 상사뱀 한 마리
너를 감아야 사는 운명
세상에 뿌리내리지 못했다

윤회의 주문이 시작되고
벗지 못한 허물은
범종의 시간 속에 갇혀
갈까마귀떼 내려온다

뇌성벽력 붉은 아가리가 열려
화형으로 사그러든다
염불 소리에 묻혀
서른 여섯층 하늘 지척에 이고
석탑으로 차오른다
억겁 땅속으로
생이 쌓여가는 되돌이표
바람 한 점으로 누워

넝쿨

낮은 포복이다
몸에서는 풀냄새가 난다
손이 손을 모았다
담을 향해 줄타기를 시작하면
속도는 시작되고 간혹,
끊어진 넝쿨은 손이 손을 놓쳐 허공에서 허우적댄다
매일은 오늘처럼 소음과 속도에 길들여진
고속도로 담벼락은 몸뚱이를 내어준다
넝쿨은 향하는 끝은
손가락으로 허공을 더듬어 등줄기로 바람을 잡아
어제를 오르고 오늘을 오른다
소음과 속도를 견디지 못한 아파트는 방음벽으로 옷을 입었다
넝쿨은 고속도로 넘어 매일을 조금씩 키워간다
시간을 넘어 소음과 속도를 갈아타며 넝쿨은 사는 것이다
견디는 사이
오늘을 슬쩍,
넝쿨에게 밀어넣는다
손과 손이 모이는 시간이면
한뼘이 커졌다

아보카도

늪은 더위로 끈적해 습기로 버무려진 불안이 떠나질 않아 주둥이 위로 흙탕물 머금은 악어들 모여 회합중이야 초록색 배가 뒤집어져 허연 배를 가진 악어는 뒤집어진 속을 울퉁불퉁한 채로 물렁해질 시간이지 숙성될수록 익어가는 눈동자 허기진 물컹함이 껌벅거려 야자수는 수면을 부르고 악어는 늪 아래로 내려가 질척거리는 손이 빠지고 발이 빠지면 밤이 온다 꼬리가 꼬리로 포개진 누군가 첨벙거려 사슴 얼굴이 펼쳐지면 딱딱함을 날려 베어 먹어야 하는 살아 있는 채로 먹어야 하는 이빨은 거칠어 속살이 말랑거린다 악어들은 훌륭한 조련사야 배가 뒤집어진 채 먹이 사냥을 나선다 죽음은 정글 수면에서 미끌거려 악어배를 닮은 늪은 물렁해질 시간 날짜는 식탁 위 접시에서 익어가고 냉장고 속에 아보카도 없다 불을 켜니 물컹하다 버터가 익어가고 늪에서 사람들 미끌거려

모란장 개는 마추픽추로

1

사람들이 웅성거리던 여름 열기에 짖어대던 개닭오리흙염소고양이사철탕 빈철창 축축한 침얼룩과 그림자들 녹물에 스며들지 못하고 더운 열기와 머물러 있다 아무도 없는 아스팔트 아지랑이 모란장에 가면 강아지 얼룩은 파라솔에 기대어 이유없이 떠나간 어미개를 그리워하며 혀를 내밀고 수수 부꾸미와 막걸리 오복 참기름집 엿질금과 함께 녹아내리는 식혜 녹두빈대떡 꾸덕한 진흙속에서 캐낸 연근과 시골할머니 주름진 손사이로 보이는 시금치와 무짱아찌 파닥거리던 미꾸라지 매캐한 연기 숯불로 피워올리는 임연수와 고등어 구이들은 석쇠에 늘어져 있고 거뭇한 흔적으로 식당 한자리를 메운다 명절이면 모란에서 사다 채웠던 야채와 생선이 가득하다 수술 후유증으로 뒤척일 때 어머니가 끓여주던 보신탕도 이제는 먹을 수 없게 되었다 모두가 사라진 거리에 출몰한 하얀 지붕들이 하늘 아래 자리하고 막다른 구름도 출현했다 바닷물 밀려온 바다가 들어있는 모란장 모래속 파라솔을 옮겨온 장터로

2

허공에 원시가 움직이는 마추픽추 알파카 공중 사진에 시간이 멈췄다 태양 공중도시 잃어버린 도시 스페인 페루 리마 마추픽추 외로워 기차가 우뚝 솟은 봉우리 수북한 나무 잉

카문명 안데스 산맥 허리를 따라 지어진 태양 신전 콘도르 바람도 멈추어 돌고 신비함으로 빠져 나가는 도시 돌무덤 쿠스코 우르밤바 해발 2,280미터 파란 호수 따라 들려오고 하늘 머리에 이고 돌계단 따라 올라가는 길 하늘빛 물빛 티티카카 호수 고풍스러운 중세시대 안데스 산맥 꼭대기 시간을 건너뛰어 중세와 현대가 공존하는 곳 돌을 잘라 바위를 잘라 리마에서 리마가 펼쳐져 노란 얼굴을 늘어뜨린 산으로 떨어지는 해는 둘러싸인 산들과 나무들 그리고 호수 서있는 곳은 스페인 페루 우주 아닌 블랙홀 알파카 농가의 한가로움 풀뜯는 소 목동 평화로움 산꼭대기 운무가 흘러가고 공중에 집이 생겨 버스를 타고 해가 비추고 파란 하늘 아래 마추픽추 가는 길은 공중의 집으로

가문의 열쇠

심해의 물을 퍼올려 검은 먹을 간다
먹빛의 물은 수백년 가문의 역사
살림을 배우고 매운 시간과
우물 속 침묵을 벗기고
항아리를 건져내
소금밭으로 구르니
서걱거리는 길 가시밭이었다

독안에 묻어 놓은 회한의 세월
아린 손끝으로
항아리를 닦고 지키며
햇살 한 줄기의 기운과
바람의 공기
비의 물방울
눈의 얼음을 가져온다

장독대의 세상엔
콩의 두근거림이 고여 찰랑댄다
타들어 가는 갈증은
씨간장으로
햇간장으로
덧간장으로

씨앗의 생명을 지켜야 하는
곳간 열쇠의 눈물로 흘러내린다

시할머니의 날선 백발의 서리가 내리고
밤새 얼어붙은 고택 종부의 장은
가문의 귀한 열쇠로 부활한다

인생여행

꿈의 온도계 저물어 가는 방
리어커 속 할머니 도로위에 집을 지었다
굴러가는 수레위 오늘을 더듬거린다
어둠이 흘린 달의 사금파리
전생이 걸린 미지의 세계
허연 입김 회색붓질
인생의 여백 채우고
묵은 먼지 어제의 거울을 훔친다
시계추 손가락 사이 마른 잎 발라내
겨울 체중이 줄어드는 시간.
창밖 솜처럼 피어오르는 외로움
숨죽여 내리는 눈
리어커 위로 겹겹이 흘러든다
날개를 날개라 여기지 않고
무게를 무게라 여기지 않을 때
곰삭은 추위는 빈가지 위에서
팔을 내민다
삶의 무게가 함박눈을 짓누를 때
재두루미 한 마리 자꾸만 가벼워져
새로운 여행을 시작한다

소금사막 우유니*

사막을 뒤집었다
입술을 열어 소금을 피운다
사막과 하늘 사이 마주했다
사방 소금나무 열매가 쏟아놓은 각질들이
문장을 웅얼거린다

바다가 벗어놓은 짠 기운 옷으로 뒹군다
우유니는 주저 앉은 흔적으로
포말이 내어놓은 허물을 모았다
금지된 눈물이 익어 터진 소금은
기둥으로 발끝을 세워 몸을 쌓았다

거울을 닮은 알 수 없는 기원이다
증발하지 않은 너는
헤엄친 사막을 우유빛 유빙으로
둥둥둥 건너고 있다
가슴 젖히니 밤새 하얀 모래알
자꾸만 입으로 흘러나온다
하늘이 뱉어 낸 구름으로
헐렁한 사이는 마중과 배웅으로
길어진 그림자 끌고 온다
하얀 모래알이 주절대는 가슴마다

거울이 반짝이고 간기가 자꾸만 솟아오른다

하늘에 걸린 얼굴은 어디로 가고
발아래에서 쪼개져도
내가 다시 돌아와
뒤집혀도 반사되어
지워지지 않는 얼굴이다

* 소금사막 우유니 : 볼리비아 포토시주(州)의 우유니 서쪽 끝에 있는 소금으로 뒤덮인 사막.

긍정의 자유 정신, 위버멘쉬의 시학

권경아(문학평론가)

1

세계는 무한히 해석 가능하다.

모든 해석이, 생장의 징후이거나 몰락의 징후인 것이다.

통일 일원론은 타성(惰性)의 욕구이며, 해석의 다수성이야말로 힘의 징후이다.

세계의 불안하고 혼미한 성격을 부인하고 싶어해서는 안 된다.

– F. 니체, 『권력에의 의지 – 모든 가치의 가치 전환의 실험』

이정림의 첫 시집 『블루홀』은 어둡고 부조리한 세계의 혼돈 속에서도 절망에 함몰되지 않고 '생에의 의지'를 적극적으로 펼치는 긍정의 자유 정신을 보여주고 있다. 세계는 고통과 상처로 얼룩진 거대한 어둠이다. 그러나 이러한 어둠 속에서 시인이 나아가고 있는 곳은 허무나 파멸의 길이 아니라 환하게 웃으며 고통과 어둠의 생을 끌어안는 긍정의 길이다. 이 시집은 "이것이 생이었던가! 좋다, 그렇다면 다시 한 번!"이라는 니체 철학의 영원회귀가 그려내고 있는 '생의 긍정'의 시적 형상화라 할 수 있다.

"우리는 영원회귀의 사유로 인해 고통스러워하지 않고 나를 긍정하는 존재다."라는 시인의 자서는 지상의 생과 인간을 부정하지 않고 긍정하는 '생에의 의지'를 그려내려는 시인의 자유 의지를 담은 선언과 같다. 니체는 인간 자신과 세계를 긍정할 수 있는 자유 정신의 소유자를 '위버멘쉬'라 부른다. 위버멘쉬는 자신의 의지에 의해 자기 극복을 시도하는 인간이며, 지상에 의미를 부여하는 좀 더 높은 유형의 인간, 고귀한 인간이라 할 수 있다. 고귀한 인간은 천상에서의 의지가 아닌 지상에서의 의지를 충실히 하는 인간이다. 세계는 고통과 상처, 어둠뿐인 생이지만 그렇기 때문에 긍정하는 것. 허무의 생을 부정하고 긍정하는 단계. 부정에의 새로운 사랑. '위버멘쉬'이다. 위버멘쉬의 개념이 소개된 『짜라투스트라는 이렇게 말했다』의 특징은 시가 부수물이 아닌 사색 그 자체가 되어 있는 것으로, 높은 의미에서 시와 사색의 융합이라 할 수 있다. 시적 암시 속에 니체의 사유가 드러나듯 『블루홀』의 시편들은 시인의 사유가 녹아들어 '긍정의 자유 정신'을 구현하고 있다. 『블루홀』은 세계의 불안하고 혼미한 성격을 부인하지 않고 끌어안으며 '생에의 의지'를 긍정의 자유정신으로 그려내고 있다. 이것이 '위버멘쉬의 시학'이다.

검은 물은
몸안으로 스며들어
열매가 열리지 않는 날이 많아졌다
검은 반점은 암으로 번져가고

매운 시선은 숨결을 좁혀준다

무게를 더해 떠나지 않고 있다
숨죽이던 시간들
나를 따라 결핍으로
잘려 나가는 가지들

거부하지 못한 바람 앞에서
저항을 선택했던 새싹은
얼굴이 올라오고 귀가 열린다
발을 내밀어 본다

어둠으로 스며들던 시간
부러진 가지 끝마다
눈물이 맺히고
혀끝을 감고 도는
매운 알싸함이
푸른 물을 수혈받는다

장마가 물러간 자리
가지 꼭대기가 가렵다

–「탄저 증후군」 부분

장마가 오기 전 배수로를 손질한다. 물관을 타고 올라오는 "매운 시선". 슬퍼할 겨를도 없이 올라오는 검은 물은 이내 몸 안으로 스며들어 "열매가 열리지 않는 날이 많아졌다"고 시인은 말한다. 검은 어둠은 시인의 몸까지 스며들어 불모의 땅을 만들어 버리는 것이다. "결핍으로 잘려 나가는 가지들". 일상 속에서 스며드는 어둠의 그림자는 어느새 삶 전체를 지배하고 거부하지 못할 바람이 불어온다. 암으로 번져가는 "검은 반점"의 "매운 시선"은 숨결마저 좁혀준다.

이 시집의 도처에는 검은 어둠이 배경처럼 자리하고 있다. 이러한 검은 어둠은 개인의 차원을 넘어 사회적 차원으로까지 확대되고 있다. "불평등으로 버려지고 죽어가던 행려자"(「죽음이 가지는 계급에 대하여」)의 애도 받지 못하는 죽음과 "여물지 않은 수염"의 아들을 남기고 눈도 감지 못하고 백골이 되어버린 엄마의 "조각난 상처"(「방랑」)는 사회의 어두운 단면을 보여주고 있다. 소외된 계층의 고통과 상처 한편에는 화려한 겉모습만을 쫓는 현대인의 욕망이 검은 그림자로 드리워져 있다. 「미모」, 「프랑켄슈타인은」과 같은 시에서는 이러한 외모 지상주의가 만연한 사회에 대한 시인의 시선이 예리하게 그려지고 있다. 현대인의 검은 욕망은 모래 위를 걷는 여자의 하이힐과 같다. 모래 위를 걸으며 당당해지는 것 같지만 "모래속 구덩이로 연속되는 발빠짐"일 뿐이다. 빠져드는 모래의 함정임에도 불구하고 "포기할 수 없는 하이힐의 곡선"(「하이힐을 신고 사막으로 가는 여자」)은 지금도 여전히 현재진행중이다.

2

달빛 아래 바다를 키우며 들숨과 날숨으로 출렁이고
심연으로 입수하는 할망은 풍진 세상 자맥질로 끌고 간다
그물 따라 은빛 물결 가르고 포말은 기억을 흔드는 조수潮水로 다가온다
둔턱한 암석은 두꺼운 경전으로 바람이 들어찬 절벽은 빗창 사이
파랑주의보 페이지를 넘겼다
달무리로 피어나는 바다위 꽃은 벼랑 끝 흙바람이 남긴 얼굴이라고
잔잔히 일렁이는 물결이 간기로 절여진 둔덕 따라
햇발 아래 해풍과 짭짤한 세월을 몰고 오면
검은 머리로 해초 가득한 어망 속 포자가
수면을 찰랑찰랑 넘실거려 바다를 품에 안고 시간을 물질한다
핏방울은 멍게꽃으로 피어난다
물속에서 유연한 물질은 부표가 되고 굽은 허리 빼곡한 망사리 사이로
해삼 미역 전복이 익어간다
불턱은 고단한 숨비소리 내려놓아 어둠이 내려앉은 집어등과 배는
수평선에서 일렁거려 등대가 붉은 꽃으로 개화하는 바닷길마다
달빛이 숨결을 열어주고 바다 심연 깊어질 때
지층으로 쌓인 통곡은 바람소리 휘파람 소리로 숨이 차오른다

외길을 떠도는 할망바당 숨비소리 돌아올 시간이야
바다가 깊어진다는

–「할망바당」 전문

세계의 어둠 속에서도 시인은 '생에의 의지'를 보여주는 지상의 삶에 의미를 부여하고 있다. "할망바당"은 나이가 많고 체력이 약한 고령의 해녀를 배려하는 공간으로 수심 얕은 마을 근처의 바다를 일컫는다. 고령의 해녀들이 손쉽게 물질을 할 수 있도록 배려하는 제주 해녀공동체의 아름다운 문화이다. 들숨과 날숨을 반복하며 "심연으로 입수하는 할망"은 풍진 세상을 자맥질로 살아왔다. 해풍에 짭짤해진 세월 속에 "핏방울은 멍게꽃으로 피어난다". 기억을 흔드는 조수를 헤치고 깊은 바다의 심연으로 물질하는 할망. 깊은 어둠의 심연으로 외길을 떠돌아야 하지만 그녀에겐 물질을 하고 난 후 몸을 녹일 수 있는 "불턱"이 있다. "불턱"은 제주의 해녀들이 물질을 하고 몸을 녹일 수 있도록 해안가에 돌담을 나지막이 쌓아 올려 둥근 원을 쳐놓은 곳으로, '불'을 피우는 나지막한 '턱'이다. 깊어진 바다 심연을 차고 올라와 턱까지 차오른 숨을 내뿜는 휘파람 소리. "숨비소리" 내려놓고 불가에 앉은 할망의 바다가 깊어질수록 "숨비소리" 커지고 "불턱"의 온기는 따스해진다. 고단하고 힘겨운 세월의 풍랑 속에서도 '생에의 의지'를 놓지 않는 할망. 그러한 '생에의 의지'를 응원하는 "할망바당"이 있기에 할망은 오늘도 바다를 바라본다.

바다를 끌어당기지 못한 할머니
침대 위에 뒤집혀 누워있다
허연 배를 드러낸 채
중력이 미치지 못한 파장은
가로로 누운 세상이다
무중력 소진한 발과 손은 만나지를 못한다
화석 같은 등껍질은 활처럼 휘어가고
끌어당기는 곳마다 고름으로 짓물렀다
기억은 육신을 밀어내고 있다
자식들은 무장학살로 흩어지고
남편은 바다 속으로 가라앉아 폐선만이 표류중이다
할머니를 향해 웃고 있는 처음 보는 아저씨다
헤엄쳤던 다리와 걸음은 굳어가고 있다
굳어가는 신경들은 바다 속 심연으로 달아난다
공허한 눈빛과 허기진 모정은
약봉지로 침대 위에 수북하고
할머니가 누운 천장 형광등 불빛은
집어등처럼 일렁거린다
선장과 선원들 체온과 맥박을 재느라 분주하고
사나운 파도 소리와 텔레비전 소리가
병실을 걸어 돌아다닌다
치아는 속도를 잊은 지 오래다
씹지 못하는 사자밥은 문 입구에서 서성거린다
소진한 육신은 말라버린 등딱지로 내려앉아
집으로 가야 하는 길이 아득하고

잠잠해진 바다는 숨죽이고
폐선은 파도에 밀려 일렁인다

-「이 여자가 살아가는 이유」 전문

'생에의 의지'는 바다에 남편을 잃고 자식들마저 뿔뿔이 흩어져 이제는 소진한 육체를 침대에 맡기고 누워있는 할머니에게서 더욱 적극적으로 나타난다. "화석 같은 등껍질은 활처럼 휘어가고" 온몸은 고름으로 짓물러 가고 있다. 신경들은 굳어가고 기억은 육신을 밀어내 "공허한 눈빛"으로 침대에 누워 천정을 바라본다. 이렇듯 소진한 육신으로 그럼에도 그녀가 "살아가는 이유"는 그곳에 '생'이 있기 때문이다. "체온과 맥박을 재느라 분주"한 선장과 선원들이 그녀를 향해 웃고 있다. "사나운 파도 소리와 텔레비전 소리"가 겹쳐지고 그녀에게 '생'은 '바다'가 된다. 비록 폐선일지라도 그녀는 여전히 "파도에 밀려 일렁인다". "집으로 가야 하는 길"은 아득하지만 바다가 일렁이는 한 그녀에게 '생'은 있다. 이것이 "이 여자가 살아가는 이유"인 것이다.

3

이정림은 '생에의 의지'를 강하게 드러내는 긍정의 사유를

'재생'의 이미지로 그려내고 있다. 몸 안으로 스며든 검은 물은 검은 반점이 되어 암으로 번져가고, 잘려 나가는 가지들이 결핍으로 다가와도 시인은 "푸른 물을 수혈 받"음으로써 새로운 생을 얻는다. "장마가 물러간 자리 가지 꼭대기가 가려"(「탄저 증후군」)운 것은 '재생'의 암시인 것이다.

땅속은 내려갈수록
볼 수 없던 어둠이 드러나고
시간의 뿌리가 드러난다

검은 흙은 할머니가 흘린 눈물
머물러 있는 지하는
뿌리가 무성하게 손에 손을 잡고 얽혀
뼈의 진실은 단단하고 거칠다

늙은 딸은 진실을 알 수 없었고
비석을 향해 절을 한다
감시가 삼엄한 무덤은
평생을 늙은 딸이 오고 갔다
부대 옆 무덤과 군인은
억압을 말하지 않았다

흰 발등이 가렵다
엄마를 생각했다

어린 소나무를 심었다

–「이장 移葬」 부분

엄마의 "흰 발등을 묻은 시간들"이었다. 땅 속으로 내려갈수록 더욱 깊은 어둠이 드러나고 "시간의 뿌리"가 드러난다. "할머니가 흘린 눈물"은 "검은 흙"으로 머물러 있다. 평생을 늙은 딸이 오고 갔던 무덤, 이제 늙은 딸이 "검은 흙"이 되어 갈 것이다. 엄마의 "흰 발등을 묻"었던 '나'의 "흰 발등"이 가렵다. 할머니와 엄마, 그리고 '나'로 이어진 '생'은 다시 다음 세대로 이어져야 한다. 시인이 "어린 소나무를 심"고 있는 까닭이다.

이 시에서는 할머니에서 엄마로 그리고 '나'로 이어지는 '생'의 모습이 "흰 발등"을 매개로 하여 나타나며 다음 '생'으로 '재생'의 이미지가 그려지고 있다. 적극적인 삶의 긍정, 이것이 생이었던가! 그렇다면 다시 한 번! 영원회귀의 사유이다.

한쪽 가슴은 슬픔을 감당하지 못한
바람이 불어오고

저울은 눈금이 흔들린다
반항하는 기울기에 대하여

왼쪽 가슴은 젖몸살을 앓는 중이다

흘러내리는 눈물은
수술실 바닥으로
휘어진 마음은 엄마로 떠오르고
왼쪽 가슴과 오른쪽 가슴은
높이가 달라져도 재생되는 장면과
모성은 상승한다
엄마에게 새싹이 돋아나기 시작하고
한쪽 가슴은 다시 젖이 돌기 시작하며

차오른다 오늘 엄마는

붉은 꽃무릇이 저만치 피어있다

–「멈추면 보이는 바람에 대한 생각」 부분

적극적인 '생의 긍정'으로서의 '재생' 이미지는 이 시에서 "다시 젖이 돌기 시작하"는 "한쪽 가슴"으로 그려진다. 젖몸살을 앓는 왼쪽 가슴은 "슬픔을 감당하지 못한 바람이 불어오"고 있다. 왼쪽 가슴과 오른쪽 가슴의 높이가 달라져도 "재생되는 장면과 모성은 상승"한다. 다른 한쪽 가슴에는 "다시 젖이 돌기 시작하"는 것이다.

잡초로 자라났던 시절
지축으로 기울어진 얼굴
야생으로 불어오는 바람에
불이 붙었다
땅위에는 여름이 삼키지 못한 말들 올라와
잡초는 낯선 골목 사이
갈 곳을 찾아
가을은 발설되지 않은 향기와
일곱 색깔 가진 너를 수혈받았다
몸엔 새로운 피가 돌고 돌아
지축으로 기울어진 얼굴들
꽃으로 흘러내렸다
산다는 건 잡초로 길들여진 이름을 지우고
독백처럼 검은 흙을 물들여
하얀분홍오렌지노란빨강보라
표정을 키워나가고
둥글게 부풀어 오른 채
젖어드는 화색으로
태어나는

–「란타나」부분

이 시는 일곱 가지 색깔로 변화하는 '란타나'를 통해 다시 태어나는 '재생'의 의미를 그려내고 있다. 란타나는 꽃이 피어 있는 동안 계속해서 일곱 번이나 꽃 색깔이 변한다고 해서 '칠변화'라는 이름으로도 불린다. 원산지인 열대 아메리카에서는 잡초로 취급받았으나 적응력도 강하고 개화기간도 길어 국내에서는 정원수로 인기가 높은 꽃이다. 이 시에서는 일곱 번이나 새롭게 변화하는 '란타나'를 수혈 받아 몸에는 "새로운 피가 돌고" 다시 태어난다. 적극적인 '생'에의 의지, '재생'에의 의지이다.

변화의 상징인 '란타나'의 꽃말은 '엄숙, 엄격, 나는 변하지 않는다.'이다. 변화의 상징인 '란타나'의 꽃말이 아이러니하게도 "나는 변하지 않는다."라는 것은 의미심장하다. 일곱 가지 색깔로 변화하지만 이 변화는 발전과 긍정의 변화이며, 이러한 변화 속에서도 변하지 않는 것은 새롭게 다시 태어나는 '재생'의 의미, 곧 '생에의 의지'라 할 수 있다. "영혼은 매일 성장한다."(「자서」) 매일 성장하며 변화하면서도 변하지 않는 '영혼'의 의미. 영원회귀 속에서 스스로를 긍정하는 존재. '위버멘쉬'의 영혼이다.

4

> 인간을 고귀하게 만드는 것은 고귀한 감정의 강도(强度)가
> 아니라 그것의 지속이다.
> – F. 니체, 「72」, 『선악을 넘어서』

토파즈 사파이어 진주 홍해의 보석 바다
블루홀은 유난히 푸른 바닷물로 가득 찬 동굴이다
어디 한 부분 끝없이 한번 들어가면
헤어나지 못하는 바다속 싱크홀 시작된다
푸른 물속으로 들어가야 하는 날 함정이라니?
얇아진 수면 사이 컴퓨터 전원이 반짝거려
발목을 넣어볼까 숨을 참는다 기포가 뽀글뽀글 솟아오르고
가득 채운 숨은 헤엄쳐 투명한 귀는 떠다닌다
다이버 호흡을 고르고 바닥을 향하여
코발트 빛 여울과 붉은 꽃으로 피어난 성게들

… 중략 …

물속에 잠긴 동굴은 피망의 잘린 단면처럼
누군가 손과 발이 굴절되어 일렁인 채
고개를 쳐들어 수면을 향해 꼬리를 흔들었다
바다속 커서는 깜박인다
클릭하기를

–「블루홀」 부분

'블루홀'은 과거 동굴이나 석회암 동굴과 같은 지형이 어떤 이유로 바다 속으로 수몰되어 얕은 여울에 구멍이 뚫린 듯한 지형이 형성된 것을 뜻한다. 바다의 싱크홀이라 할 수 있는

'블루홀'은 깊은 수심으로 짙은 파랑색을 띠고 있다. 이 시에서 시인은 컴퓨터 앞에서 '블루홀'을 만난다. "한번 들어가면 헤어나지 못하는" '블루홀'의 매혹 앞에서 시인은 호흡을 가다듬는다. 컴퓨터의 파란 화면에 이끌려 깜박이는 "바다속 커서"를 바라보고 있다. '시쓰기' 앞에 선 시인이다. 「블루홀」은 적극적인 '생에의 의지'를 긍정의 자유 정신으로 추구하는 시인의 자의식을 그려내고 있다. 시인으로서의 자의식, 곧 '시쓰기'에 대한 인식이 담겨있는 것이다. 호흡을 고르고 시의 심연으로 뛰어들 준비는 언제나 자이로드롭을 탄 듯 어지럽고 아찔하다. 어린 시절 환하게 웃으며 놀이터 시소의 움직임에 몸을 내맡기듯 시인은 시를 쓰는 것이다. 『블루홀』은 '생에의 의지'를 긍정의 자유 정신으로 구현해낸 시적 형상화라 할 수 있다.

이정림의 첫 시집 『블루홀』은 강렬한 푸른빛의 매혹으로 다가오고 있다. "인간을 고귀하게 만드는 것은 고귀한 감정의 강도가 아니라 그것의 지속이다."라는 니체의 말처럼 매일 성장하는 그의 '영혼의 푸른빛'이 오래도록 빛나기를 기대한다.

시현실 시인선 011

블루홀

초판 1쇄 발행일 | 2020년 12월 25일

지은이 | 이정림
발행인 | 원탁희
발행처 | 도서출판 예맥
등록번호 | 서울 바 02915
등록일 | 1999년 5월 21일

주소 07581 서울특별시 강서구 강서로 68길 36 상가 206호
전화 02 · 2658 · 6465
E-mail ymbook@naver.com

10,000원
ISBN 978-89-91411-40-1 03810

* 이 책은 제작비 일부를 성남 지역예술인 창작활동 지원을 받아 제작되었습니다.